BEI GRIN MACHT SICH IHR WISSEN BEZAHLT

AF155971

- Wir veröffentlichen Ihre Hausarbeit,
  Bachelor- und Masterarbeit

- Ihr eigenes eBook und Buch -
  weltweit in allen wichtigen Shops

- Verdienen Sie an jedem Verkauf

Jetzt bei www.GRIN.com hochladen
und kostenlos publizieren

Olga Hock

Der Sprachtest „Delfin 4"

Analyse des Screeningverfahrens „Besuch im Zoo"

GRIN Verlag

Bibliografische Information der Deutschen Nationalbibliothek:

Die Deutsche Bibliothek verzeichnet diese Publikation in der Deutschen National-
bibliografie; detaillierte bibliografische Daten sind im Internet über http://dnb.d-
nb.de/ abrufbar.

Impressum:

Copyright © 2008 GRIN Verlag GmbH
Druck und Bindung: Books on Demand GmbH, Norderstedt Germany
ISBN: 978-3-640-80670-6

Dieses Buch bei GRIN:

http://www.grin.com/de/e-book/164095/der-sprachtest-delfin-4

GRIN - Your knowledge has value

Der GRIN Verlag publiziert seit 1998 wissenschaftliche Arbeiten von Studenten, Hochschullehrern und anderen Akademikern als eBook und gedrucktes Buch. Die Verlagswebsite www.grin.com ist die ideale Plattform zur Veröffentlichung von Hausarbeiten, Abschlussarbeiten, wissenschaftlichen Aufsätzen, Dissertationen und Fachbüchern.

Besuchen Sie uns im Internet:

http://www.grin.com/

http://www.facebook.com/grincom

http://www.twitter.com/grin_com

Einleitung

Im Rahmen des Seminars „Lesen und Schreiben im Anfangsunterricht" habe ich mich zusammen mit einer Kommilitonin mit Delfin 4 beschäftigt. Ich werde mich bei meiner Ausarbeitung auf das erste Screeningverfahren „Besuch im Zoo" beschränken. Im Folgenden werde ich zunächst Delfin 4 und Besuch im Zoo vorstellen und mich im Anschluss kritisch damit auseinandersetzen.

1. Was ist ein diagnostisches Screeningverfahren?

Screening oder auch Siebverfahren gehören wie Tests zu den sogenannten standardisierten Verfahren. Im Gegensatz zu informellen Verfahren wurden Screenings und Test in der Durchführung, Protokollierung und Auswertung vereinheitlicht und in ihrer Messgüte überprüft. Die Ermittlung der Kompetenz eines Kindes erfolgt bei Screenings durch die Festlegung eines kritischen Grenzwertes, der zwischen Kindern „mit" oder „ohne" Risiko entscheidet. Bei Tests wird zwar die Kompetenz des Kindes in Bezug auf die jeweilige Altersgruppe auf einer Normskala eingeordnet, jedoch wird keine Grenze definiert, die ein Kind unterschreiten muss, um als „Risikokind" zu gelten.

Während durch Screening und Tests bei dem Kind bestimmte Verhaltensweisen und Äußerungen evoziert werden sollen, die Kinder im Alltag nur gelegentlich zeigen, halten Beobachtungsverfahren spontane Leistungen der Kinder fest, zu denen sie nicht provoziert worden sind.[1]

2. Genaue Beschreibung von Delfin 4

Delfin 4 bedeutet: **D**iagnostik, **E**lternarbeit, **F**örderung der Sprachkompetenz **in** NRW bei 4-jährigen. Es wurde im Auftrag des Ministeriums für Schule und Weiterbildung des Landes NRW in Zusammenarbeit mit dem Ministerium für Generationen, Familien, Frauen und Integration des Landes NRW entwickelt. Die Autorin ist Prof. Dr. Lilian Fried von der TU Dortmund.

---

[1] Briedigkeit, Eva; Fried Lilian, 2007, S. 6

Delfin 4 umfasst ein zweistufiges Screeningverfahren sowie darauf abgestimmte Empfehlungen für die Förderung und die Arbeit mit den Eltern. Mit diesem Screeningverfahren wird überprüft, bei welchen Kindern zwei Jahre vor der Einschulung ein zusätzlicher Sprachförderbedarf besteht. Aufgabe der ersten Stufe des Screeningverfahrens „Besuch im Zoo (BiZ)" ist es, die Kinder herauszufiltern, deren Sprachentwicklung unauffällig ist bzw. bei denen definitiv eine zusätzliche Sprachförderung angezeigt ist.

Die anderen Kinder werden mit Stufe 2 des Screeningverfahrens „Besuch im Piffikushaus (BiP)" genauer untersucht, um herauszufinden, ob zusätzlicher Sprachförderbedarf besteht. Zusätzlichen Sprachförderbedarf haben Kinder, deren Sprachentwicklung nicht altersgemäß ist und Kinder, die die deutsche Sprache nicht hinreichend beherrschen.[2]

3. Besuch im Zoo

Besuch im Zoo umfasst Aufgaben zu den vier Sprachbereichen, die laut Forschung präzise erkennen lassen, ob bei einem Kind Sprachentwicklungsrisiken gegeben sind. Die vier Aufgaben sind in einem brettspielähnlichen Rahmen eingebettet, um ein ökonomisches Gruppenverfahren zu ermöglichen. Die Anweisungen bzw. Instruktionshinweise gewährleisten bei diesem standardisierten Verfahren die Fairness und müssen daher präzise eingehalten werden.[3]

3.1. Theoretisches Hintergrund von Delfin 4 – Stufe 1 Besuch im Zoo

Laut der Autoren von Delfin 4 haben Vierjährige eine wesentliche Plateauphase der Sprachentwicklung erreicht, auf der sich die bestehenden Sprachkompetenzen zwar noch weiter ausprägen, aber nicht mehr grob verändern, sondern nur noch fein ausdifferenzieren. In der Regel haben die Kinder die wesentlichen „Meilensteine" der Sprachentwicklung vollzogen. Deshalb ist es möglich, gezielt zu prüfen, ob und wieweit ein Kind bereits die grundlegenden Schritte der Sprachentwicklung vollzogen hat.

---

[2] Briedigkeit, Eva; Fried Lilian, 2007, S. 6
[3] Briedigkeit, Eva; Fried Lilian, 2007, S. 6

2

Besuch im Zoo umfasst deshalb folgende Aufgabenbereiche: Handlungsanweisungen ausführen, Kunstwörter nachsprechen, Bild beschreiben und Sätze nachsprechen.[4]

3.2. Handlungsanweisungen ausführen

Mit dieser Aufgabenstellung wird erfasst, inwieweit ein Kind in der Lage ist, zu erkennen, welche mehr oder minder komplexe Handlungsabfolge ein Satz repräsentiert. Es geht also um sprachliche Verstehensleistungen (Satzgedächtnis).

Ehlich führt an, dass Vierjährige schon vielfältige Voraussetzungen besitzen, um komplexere sprachliche Handlungsmuster erfassen und vollziehen zu können.[5] So ist von ihnen zu erwarten, dass sie normgerechte Mehrwort-Sätze sowie (einfache) Haupt-Nebensatz-Konstruktionen, die Mehrfachaufträge enthalten, verstehen und auch ausführen können.[6] Allerdings setzt das voraus, dass Vierjährige die Inhalte, welche die Satzkonstruktionen transportieren, auch wirklich entschlüsseln können. Um das zu gewährleisten, sind die Handlungsanweisungen direkt auf den Zooplan und seine Motive bezogen. Damit wird den Kindern ein „Sinnrahmen" geboten, der es ihnen erleichtert, die Satzinhalte zu begreifen.

Wenn Vierjährige Schwierigkeiten haben, diese Aufgabe auszuführen, kann das auf verschiedene Sprachentwicklungsprobleme verweisen.[7] Neben (nicht selten miteinander verquickten) semantischen und morphosyntaktischen Problemen[8] kann dadurch auch die mangelnde Funktionstüchtigkeit des sprachverarbeitenden Arbeitsgedächtnisses (Verstehen semantischer Informationen auf dem Wort- und Satzlevel) angezeigt werden.[9]

3.3. Kunstwörter nachsprechen

Mit dieser Aufgabe wird erfasst, wie gut das Kind unbekannte lexikalische Einheiten im phonologischen Arbeitsgedächtnis behalten und diese anschließend wiederholen kann.

---

[4] Briedigkeit, Eva; Fried Lilian, 2007, S. 23
[5] Ehlich 2005, S.23; Thompsen 1996, p. 14
[6] z.B. Schöler/Lindner 1990; Weissborn 2000, S. 151
[7] z.B. Grimm 2003; Penner/Weymann/Schulz 1990; Schöler/Kratzer/Kürsten 1991
[8] Ruffmann et al. 2003; Weinert 2006, S. 650
[9] z.B. Gathercole 1995; Hasselhorn 2000

Voraussetzung dafür ist, dass das Kind seine Aufmerksamkeit auf die feineren formalen Aspekte der gesprochenen Sprache lenkt.[10] Dazu muss es sich auf den Klang von Wörtern, auf einzelne Silben und Laute eines gesprochenen Wortes fokussieren. Das erfordert ein funktionierendes phonembezogenes Arbeitsgedächtnis.[11]

„Nachsprechen von Kunstwörtern (KN)" basiert auf Erkenntnissen, wonach Vierjährige derartige Nachsprechaufgaben ohne Schwierigkeiten bearbeiten können.[12] Schwächen in diesem basalen Bereich verweisen deshalb auf drohende Sprachentwicklungsprobleme[13] bzw. auf drohende Lese-Rechtschreib-Schwächen.[14]

Das phonologische Arbeitsgedächtnis ist außerdem mitverantwortlich „für zentrale Qualitätsmerkmale des Spracherwerbs"[15]. So hat man z.b. Zusammenhänge zwischen dem phonologischen Arbeitsgedächtnis und der Wortschatzerweiterung in der frühen und mittleren Kindheit nachgewiesen.[16] Des Weiteren wurde ein Zusammenhang zwischen der Wiedergabe von Kunstwörtern und der Erzählfähigkeit mehrfach belegt.[17]

Für diese Aufgabe wurden Kunstwörter verschiedener Länge nach systematischen Kriterien konstruiert, da es bei dieser Aufgabe nicht darum geht, die artikulatorischen Fähigkeiten abzuprüfen, sondern darum, die Kapazität des phonologischen Arbeitsgedächtnisses auszuloten.[18] Angenommen wird, dass der Schwierigkeitsgrad beim Wiederholen der einzelnen Wörter mit zunehmender Länge der Kunstwörter ansteigt.

3.4. Bild beschreiben

Die Förderung kommunikativer Fähigkeiten (wie der Gesprächs- und Erzählfähigkeit) zählt zu den wichtigsten sprachbezogenen Bildungsaufgaben von

---

[10] vgl. Küsper/Schneider 2000; Forster/Martschinke 2006, S. 7
[11] vgl. Martschinke et al. 2005, S. 7ff.
[12] Gathercole/Adams 1993, S. 770; Thal et al. 2005, S. 1484; vgl. Auch Roy/Chiat 2004; Weinert, 2000
[13] Pascher/Spelsberg, 1998
[14] Anthony/Lonigan 2004; Brdaley/Corvyn 2002; Brunner et al. 2002; Deimann/Kastner-Koller, 2000; Forster/Martschinke 2006, S.8; Hasselborn/Werner 2000; Klicpera und Gasteiger-Klicpera 1995, 2000; Martschinke et al. 2002, S. 6ff.
[15] Hasselhorn/Wemer 2000, S. 363
[16] vgl. Gathercole/Adams 1993
[17] Bishop/Edmundson 1987 nach Roy/Chiat 2004, S. 225, vgl. Götze et al. 2000, S. 17; Hasselhorn/Werner 2000
[18] Fox/Dodd 1999, 2005, S. 186; Grohnfeldt 2001, S. 31-32; Thiel 2003, S. 9 und 17; vgl. auch Hacker/Wilgermein 2001, S. 198

4

Kindertageseinrichtungen.[19] Hintergrund dafür sind Forschungsergebnisse, die verdeutlichen, dass Kinder nur dann komplexere Sinnzusammenhänge sprachlich erfassen und vermitteln können, wenn sie, neben Lauten, Wörtern und Satzstrukturen, auch „übersatzmäßige Fähigkeiten" erworben haben.[20] Dazu gehört, sich auf einen Zuhörer einzustellen, indem man ihm etwas erzählt, um ihn in irgendeiner Weise zu beeinflussen.[21] Um eine Erzählsituation zu initiieren und aufrecht zu erhalten, werden Zugzwänge im Gespräch geschaffen, die das Kind erkennen und „bedienen" muss (z.b. durch selbständiges Eröffnen, Markieren von Höhepunkten, Dramatisieren, um den Zuhörer zu bannen und Beenden)[22].

Um nicht nur beschreibend, sondern komplex und strukturiert erzählen zu können, bedürfen Vierjährige allerdings noch weiterer Hilfe des Gesprächspartners, der auf die Erzählung einwirkt, indem die für den Zusammenhang und die Struktur wichtigen Inhalte erfragt werden.[23]

Eine vergleichsweise leichte Handlungsform ist das „Beschreiben". In dem Screening wird es durch die Darbietung von statischen Bildern evoziert. Bei der Betrachtung von Bildern können sich vierjährige Kinder schon mit relativ wenig Hilfe durch den Erwachsenen beschreibend äußern.[24] So können Kinder einzelne Benennungen für abgebildete Gegenstände oder Personen aufzählen. Sie können dargestellte Ereignisse linear aneinander reihen. Räumliche Verhältnisse werden wiedergegeben und es gelingt ihnen, sich aus ihrem Wahrnehmungsfeld heraus auf den Mitbetrachter einzustellen.[25] Bei all dem ist die Bildvorlage eine wesentliche Strukturierungshilfe.

Bei der Beschreibung von Akteuren finden sich nicht selten auch schon Übergänge zu anderen Sprechhandlungen (Charakterisieren, Erklären, Deuten).[26]

Ziel der Aufgabe „Bild beschreiben (BB)" ist es deshalb, herauszufinden, inwieweit ein Kind schon in der Lage ist, die Beschreibung eines Bildausschnittes des Planes zu strukturieren und auszugestalten.

---

[19] vgl. z.B. Fried 2003; Jamper et al. 2005
[20] z.B. Van Kraayenord/Paris 1996; vgl. auch Josselon 2006
[21] z.B. Ehlich 2005; Hoppe-Graff/Schöler/Schell 1980; McCabe/Bliss 2003; Stein/Glenn 1979
[22] vgl. Bamberg 1997; Hausendorff/Quasthoff 1996
[23] vgl. Hoffmann 1984; Hickmann 2000; Becker 2001
[24] vgl. Bermann/Slobin 1994, S. 45; Marjanovic-Umek et al. 2002
[25] vgl. Rehbein 1984
[26] vgl. Rehbein 1984

3.5. Sätze nachsprechen

Vierjährige beherrschen, so Weissborn, prinzipiell die wichtigsten Regeln von Morphologie und Syntax ihrer Erstsprache.[27] Sie können schon umfassende (Mehrwort-) und komplexe Sätze (Satzreihen; Nebensätze mit dem flektierten Verb am Ende)bilden.[28]

Beim „Sätze nachsprechen" wird geprüft wie gut es Kindern gelingt, erworbene grammatische Kenntnissysteme für die Wiedergabe von Sätzen zu nutzen. Irreguläre Entwicklungen in diesem Sprachentwicklungsbereich gelten nämlich als zentraler Indikator drohender Sprachentwicklungsstörungen.[29] Das erklärt sich dadurch, dass die grammatischen Kenntnissysteme eng mit anderen zentralen Sprachfähigkeiten, wie Wortschatzentwicklung und Phonembewusstheit (Vorläuferfähigkeit für den Schriftspracherwerb) zusammenhängen.[30]

Die gezielte Überprüfung bestimmter grammatischer Strukturen ist durch die Analyse spontansprachlicher Äußerungen nur schwer und unter großem Aufwand möglich. Daher wird auf eine international bewährte (zuverlässige und gut unterscheidende) Testmethode zurückgegriffen, dem Nachsprechen von Sätzen.[31] Diese Aufgabe ist für Kinder in aller Regel leicht verständlich, einfach durchführbar und zeitökonomisch.

Die vier Sätze sind gemäß folgenden Prinzipien konstruiert: Um längere und/oder komplexere Sätze zu reproduzieren, ist ein fortgeschrittenes grammatisches Kenntnissystem notwendig als für die Wiedergabe kurzer oder einfach strukturierter Sätze. Deshalb werden unterschiedlich lange Sätze angeboten. Die Sätze sind aber in jedem Fall zu lang, um einfach als Ganzes memoriert zu werden. Bei zwei Sätzen stimmt die Syntax, nicht aber die Semantik („sinnfreie Sätze"). Dahinter steht, dass Kinder für das Behalten von sinnvollen Wortfolgen weniger grammatisches Wissen brauchen als für das Behalten von sinnlos verbundenen Wortfolgen.[32] Ihnen hilft der Sinnzusammenhang, den gehörten Satz zu reproduzieren. Wenn die Kinder aber sinnlose Wortfolgen nachsprechen müssen, entfällt diese Gedächtnisstütze. Dann wird

---

[27] siehe Weissborn 2000, S. 143
[28] vgl. Tracy 2002
[29] z.B. Eisenbeiss/Bartke/Clahsen 2005/2006; Grimm 2003; Penner/Wymann/Schulz 1999; Schöler/Kratzer/Kürsten 1991
[30] z.B. Basseno et al. 2004; Weinert 2006
[31] vgl. Schöler/Schäfer 2004, S. 3
[32] vgl. Grimm/Weinert 2000

6

ihr „bereinigtes" grammatisches Wissen aufgerufen. Denn sie können diese Quatschsätze nur behalten, wenn sie schon in der Lage sind, die dahinter stehende grammatische Struktur zu erfassen. Insofern zeigen diese Sätze quasi in „Reinform", wo ein Kind in Bezug auf diese Sprachfähigkeit gerade steht. Kinder, die diese Sätze so gut wie die sinnvollen Sätze reproduzieren können, haben ein gut funktionierendes grammatisches Kenntnissystem ausgebildet.

4. Kritische Auseinandersetzung mit Delfin 4

4.1. Das Material

Sowohl das Spiel „Besuch im Zoo, als auch das „ Pfiffikus Haus" sind nicht geeignet. Das Spiel stellt nur eine gekünstelte Spielsituation dar, denn es gibt keine Interaktion der beteiligten Mitspieler, sondern die Kinder befolgen lediglich die Anweisungen des Erwachsenen. Warum spielen dann 3 - 4 Kinder zusammen?

Nach Aussagen von Erzieherinnen und Erziehern, sowie Lehrkräften ist das gesamte Verfahren hinsichtlich des Zeitaufwandes unterschätzt worden. Generell stellt man fest, dass der Zeitrahmen zu knapp bemessen worden ist. Kinder im Altern von 3 - 4 Jahren sind noch nicht in der Lage 40 - 60 Minuten konzentriert und nahezu unbewegt einer Spielsituation zu folgen.

Die comicähnlichen Darstellungen sind besonders im „Pfiffikus Haus" befremdlich verwirrend und lenken eher von der Aufgabenstellung ab. Die Handlungsanweisungen auf den Karten entsprechen nicht der Sprache des erwachsenen Erziehers und lassen einen sorgfältigen, vorbildhaften Umgang mit Sprache vermissen. „Tu was ich dir sage" kann auch nicht in einer Testsituation die Sprachebene sein, auf der den Kindern begegnet werden sollte.

4.2.   Das Verfahren

Mit dem Verfahren wird ein Ergebnis erzielt, welches die Sprachentwicklung des Kindes zu einem festgelegten Zeitpunkt misst, dabei wird der Entwicklungsaspekt der Sprachfähigkeit nicht berücksichtigt. Die Ergebnisse führen zu keiner erkennbaren Verbesserung im Bereich der Sprachförderung. Die Ausführungen der Fördermaßnahmen liegen in der Kompetenz der Kindergärten. Warum ist bisher eine Evaluation über den Verlauf und den Erfolg der Maßnahme nicht vorgesehen?

Getestet werden Kinder im Alter von 3,4 – 4,7 Jahre. Die Sprachkompetenz ist in einem solch großen Zeitraum, in dem der Schwerpunkt der kindlichen Sprachentwicklung liegt, individuell sehr unterschiedlich und kann somit nicht die Grundlage für aussagekräftige Ergebnisse sein. Die Informationen für die Eltern sind nicht ausreichend und zu kurzfristig, dadurch fühlen sich die Eltern übergangen. Es gibt keine Möglichkeiten, ausreichende Antworten auf berechtigte Fragen zu bekommen, bzw. sich über rechtliche Konsequenzen, im Falle einer Verweigerung zu informieren. Viele Eltern haben die Teilnahme an dem 1. Verfahren bewusst verweigert, in der Hoffnung, ihren Kindern eine prüfungsähnliche Situation zu ersparen. Die kompetente Wahrnehmung und Beobachtung der Kinder durch die Erzieherinnen, sowie der regelmäßige Austausch zwischen Eltern und Erzieherinnen gewährleistet die frühzeitige Erkennung von Entwicklungsauffälligkeiten, nicht nur im Sprachbereich. Warum wird seitens der Kindergärten oder z.B. durch den Kinderarzt anlässlich der Vorsorgeuntersuchungen nicht eine Vorauswahl der Kinder mit Sprachauffälligkeiten getroffen? Die Eltern und auch die Erzieherinnen sind sich im Klaren, dass nicht in allen Kindertageseinrichtungen in NRW entsprechendes Material zur Sprachentwicklung und auch die nötige Kompetenz zur Wahrnehmung von Sprachauffälligkeiten vorhanden ist. In diesem Bereich sind dringend entsprechende Geldmittel zur Verfügung zu stellen, die der Weiterentwicklung von Material und der Fortbildung von Erzieherinnen und Eltern dienen.

Dieses Verfahren trägt leider dazu bei, dass Eltern zunehmend die Schule als kompetenten Partner in Bildungsfragen wahrnehmen, die Kompetenz der Kindetageseinrichtungen wird damit in Frage gestellt.

Des Weiteren stellt sich die Frage, ob der Test zu „schwer" ist oder die Kinder einfach zu „schlecht" sind. Immerhin sind 20-55% der Kinder beim ersten Screening durchgefallen und mussten am zweiten Verfahren teilnehmen. In den Test wird eine perfekte Syntax verlang, wobei Erwachsene im Alltag nicht einmal so sprechen. Wieso wird so etwas dann von Vierjährigen erwartet?

Allgemein kann man sagen, dass Delfin 4 nicht das erreicht und nicht das ist, was es vorgibt zu sein. Kinder werden einer gekünstelten Spielsituation ausgesetzt und müssen Anforderungen genügen, die zu hoch bemessen sind und meiner Meinung nicht die allgemeine Sprachkompetenz der Kinder messen. Das Ergebnis stellt lediglich eine Momentaufnahme dar. Außerdem wird der Migrationshintergrund einiger Kinder nicht berücksichtigt. Des Weiteren gibt es viele individuelle Sprachentwicklungen der einzelnen Kinder, die ein allgemeines Screeningverfahren einfach nicht messen kann, und somit falsche Ergebnisse liefert. Nur weil ein Kind bei Delfin 4 nicht gut abschneidet, heißt dies noch lange nicht, dass es Sprachentwicklungsprobleme hat. Um dies festzustellen sind individuelle und differenzierte Beobachtungen und Tests über einen längeren Zeitraum von Nöten.

Fazit

Der Spracherwerb wird häufig so dargestellt, dass er für alle Kinder gleich verläuft. So wird von Meilensteinen des Spracherwerbs gesprochen, die alle Kinder in gleicher Weise durchlaufen. Folgerichtig spricht man auch gar nicht von „Kindern", sondern von „dem Kind". Weit verbreitet, einfach und beliebt ist die Auffassung, dass „das Kind" bestimmte Meilensteine der Sprachentwicklung durchmacht, und für jeden Meilenstein gibt es auch ein festgesetztes Alter. Aber gibt es dieses normierte Kind? Und entsprechen alle Kinder der Norm? Und wenn sie das nicht tun, haben sie dann eine gestörte Sprachentwicklung? Schon zu Beginn der 70er-Jahre wurde dieses Problem für den Erwerb von amerikanischem Englisch untersucht und diskutiert. In den 90er-Jahren wurde dann über den Einsatz von Elternfragebögen und große Stichproben deutlich, dass individuelle Kinder Sprache sehr unterschiedlich erwerben, aber dennoch keine gestörte Sprachentwicklung haben. So gibt es eine sehr große Variabilität, was die Schnelligkeit und die Art des Erwerbs von Sprache angeht. Mit anderen Worten, Kinder lernen Sprache unterschiedlich schnell und auf unterschiedlichen Wegen. Deshalb ist

Delfin 4 als normiertes Screeningverfahren nicht in der Lage den Sprachentwicklungstand Vierjähriger zu messen.

Literaturliste

Anthony, J. L./Lonigan, C. J. (2004): The Nature of Phonological Awareness: Converging Evidence form Four Studies of Preschool and Early Grade School Children. In: Journal of Educational Psychology 96 (1), pp. 53-55.

Bamberg, M. (Ed.). (1997): Narrative development: Six approaches. Mahwah, NJ: Lawrence Erlbaum Associates.

Bassano, D./Laaha, S./Maillochon, I./Dressler, W. U. (2004): Early acquisition of verb grammar and lexical development: evidence form periphrastic constructions in French and Austrian German. In: First Language 24 (1), pp. 33-70.

Becker, T. (2001): Kinder lernen erzählen. Zur Entwicklung der narrativen Fähigkeiten von Kindern unter Berücksichtigung der Erzählform. Hohengehren.

Berman, R. A./Slobin D. I. (1994): Relating Events in narrative: a crosslinguistic developmental study. Hillsdale: Lawrence Erlbaum Associates.

Bradley, R. H./Corwyn, R. F. (2002): Socioeconomic Status and Child Development. In: Annual Review of Psychology 53, pp.371-399.

Brunner, M./Troost, J./Pfeifer, B./Pröschel, U. (2001): Heidelberger Vorschulscreening zur auditiv-kinästhetischen Wahrnehmung und Sprachverarbeitung (HSV). Testkonstruktion und Analyse. Wertingen: Westra.

Deimann, P./Kastner-Koller, U. (2000): Testbesprechung Jansen, H., Mannhaupt, G., Marx, H. & Skowronek, H. (1999). Bielefelder Screening zur Früherkennung von Lese-Rechtschreibschwierigkeiten (BISC). Göttingen: Hogrefe. In: Zeitschrift für Entwicklungspsychologie und Pädagogische Psychologie 32 (2), S. 108-111.

Ehlich, K. (200): Sprachaneignung und deren Feststellung bei Kindern mit und ohne Migrationshintergrund – Was man weiß, was man braucht, was man erwarten kann. In: Bundesministerium für Bildung und Forschung (Hrsg.): Anforderungen an Verfahren der regelmäßigen Sprachstandsfeststellung als Grundlage für die frühe und individuelle Förderung von Kindern mit und ohne Migrationshintergrund (S. 11-63). Bonn: BMBF.

Eisenbeiss, S./Bartke, S./Clahsen, H. (200): Structural and Lexical Case in Child German: Evidence From Language-Impaired and Typically Developing Children. In: Language Acquisition 13 (1), pp. 3-32.

Forster, M./Martschinke, S. (2006): Diagnose und Förderung im Schriftspracherwerb. Leichter lesen und schreiben lernen mit der Hexe Susi. Übungen und Spiele zur Förderung der phonologischen Bewusstheit. Donauwörth: Auer.

Fox, A. V./Dodd, B. J. (1999): Der Erwerb des phonologischen Systems in der deutschen Sprache. In: Sprache – Stimme – Gehör 23, S. 183-191.

Fried, L. (2003): (Schrift-)Sprachfähigkeit als kulturelle Basiskompetenz von Kindergartenkindern? In: Arnold, R./Günther, H. (Hrsg.): Innovative Bildungs- und Erziehungsprozesse (S. 49-62). Kaiserslautern: Fachgebiet Pädagogik der Universität Kaiserslautern.

Fried, L./Briedigkeit, E. (2007): Delfin 4. Diagnostik, Elternarbeit und Förderung der Sprachkompetenz bei Vierjährigen in NRW. Düsseldorf: Ministerium für Schulen und Weiterbildung des Landes Nordrhein-Westfalen.

Gathercole, S.E. (1995): Is nonword repetition a test of phonological memory or longterm knowledge? It all depends on the nonwords. In: Memory & Cognition 23 (1), pp. 83-94.

Gathercole, S.E./Adams, A.-M. (1993): Phonological working memory in very young children. In: Developmental Psychology 29 (4), pp. 770-778.

Götze, B./Hasselhorn, M./Kiese-Himmel, C. (2000): Phonologisches Arbeitsgedächtnis, Wortschatz und morpho-syntaktische Sprachleistungen im Vorschulalter. In: Zeitschrift für Sprache und Kognition 19 (1/2), S. 15-21.

Grimm, H. (2003): Störungen der Sprachentwicklung: Grundlagen – Ursachen - Diagnose – Intervention – Prävention. 2. überarb. Auf. Göttingen: Hogrefe.

Grimm, H./Weinert, S. (2000): Sprachentwicklung. In: Oerter, R/Montada, L. (Hrsg.): Entwicklungspsychologie (S. 517-550). Weinheim: Beltz PVU.

Grohnfeldt, M. (2001): Lehrbuch der Sprachheilpädagogik und Logopädie (Band 2). Stuttgart: Kohlhammer GmbH.

Hacker, D./Wilgermein, H. (2001): Aussprachestörungen bei Kindern. München, Basel: Reinhardt.

Hasselhorn, M./Werner, I. (2000): Zur Bedeutung des phonologischen Arbeitsgedächtnisses für die Sprachentwicklung. In: H. Grimm (Hrsg.), Sprachentwicklung (S. 363-378). Göttingen: Hogrefe.

Hausendorf, H./Quasthof, U. (1996): Sprachentwicklung und Interaktion. Eine linguistische Studie zum Erwerb von Diskursfähigkeiten. Opladen: Westdeutscher Verlag.

Hickman, M. (2000): Pragmatische Entwicklung. In: Grimm, H. (Hrsg.), Sprachentwicklung (S. 193-227). Göttingen: Hogrefe (= Enzyklopädie der Psychologie: Sprache, Bd. 3).

Hofmann, L. (1984): Zur Ausbildung der Erzählkompetenz: Eine methodische Perspektive. In: Ehlich, K. (Hrsg.): Erzählen in der Schule. Tübingen, S.202-222.

Hoppe-Graf, S./Schöler, H./Schell, M. (1980): Zur Analyse der Erzählungen von Kindern im Prä- und Konkretoperationalen Entwicklungsstadium. Mannheim: Universität, Lehrstuhl Psychologie III, Forschungsgruppe Sprache und Kognition, Bericht Nr. 18.

Josselson, R. (2006): Narrative research and the challenge of accumulating knowledge. In: Narrative Inquiry 16 (1), pp. 3-10.

Klicpera, C./Gasteiger-Klicpera, B. (1995): Psychologie der Lese- und Schreibschwierigkeiten. Weinheim: Beltz.

Küspert, P./Schneider, W. (2000): Hören, lauschen, lernen. Sprachspiele für Kinder im Vorschulalter. Würzburger Trainingsprogramm zur Vorbereitung auf den Erwerb der Schriftsprache. Göttingen: Vandenhoeck & Ruprecht.

Marjanovic-Umek, L./Kranjc, S./Fekonja, U. (2002): Developmental levels of the child's storytelling. Paper presented at the Annual Meeting of the European Early Childhood Education Research Association EECERA (12th), Lefkosia, Cyprus, August pp. 28-31, 2002.

Martschinke, S./Kammermeyer, G./King, M./Forster, M. (2005): Anlaute hören, Reime finden, Silben klatschen (ARS). Erhebungsverfahren zur phonologischen Bewusstheit für Vorschulkinder und Schulanfänger. Donauwörth: Auer.

McCabe, A./Bliss, L.S. (2003): Patterns of narrative discourse: A multicultural, life span approach. Boston, MA: Pearson Education.

Pascher, W./Spelsberg, A: (1998): Sprachentwicklungsverzögerung: Allgemeine Differentialdiagnose der Syndrome und klinischen Kategorien. In: Pascher, W./Bauer, H. (Eds) Differentialdiagnose von Sprach-, Stimm- und Hörstörungen. Frankfurt am Main: Wörtzel, pp. 209-248.

Penner, Z./Wymann, K. (1998): Specifc language impairment revisited: Parallelism vs. deviance – A learning-theoretical approach. In: Penner, Z./Schulz, P./Wymann, K. (Eds.): Normal and impaired language acquisition. Studies in lexical, syntactic, and phonological development II.Fachgruppe Sprachwissenschaft, University of Konstanz. Arbeitspapier No 105, pp. 1-26.

Rehbein, J. (1984): Beschreiben, Berichten und Erzählen. In: Ehlich, K. (Hrsg.): Erzählen in der Schule. Tübingen, S. 67-124.

Roy, P./Chiat, S. (2004): A Prosodically Controlled Word and Nonword Repetition Task for 2- To 4- Year-Olds: Evidence from Typically Development Children. In: Journal of Speech Language and Hearing Research 47 (1), pp. 223-234.

Rufman, T./Slade, L./Rowlandson, K./Rumsey, C./Garnham, A. (2003): How language relates to belief, desire, and emotion understanding. In: Cognitive Development 18, pp. 139-158.

Schöler, H./Kratzer, P./Kürsten, F. (1991): Zur Produktion von Flexionen: Längsschnittliche Analyse bei auffälligem Spracherwerb und Vergleich mit normalem Spracherwerb. Heidelberg: Pädagogische Hochschule, Fachbereich VI, Psychologie der Fachrichtung Lernbehindertenpädagogik, Arbeitsbericht Nr. 19 aus dem Forschungsprojekt „Dysgrammatismus".

Schöler, H./Lindner, K. (1990): Zum Lernen morphologischer Strukturen. In: Der Deutschunterricht 42 (5), S. 60-79.

Schöler, H./Schäfer, P. (2004): HASE Heidelberger Auditives Screening in der Einschulungsuntersuchung – Itemanalysen und Normen. Heidelberg: Pädagogische Hochschule Heidelberg, Fakultät I – Institut für Sonderpädagogik, Arbeitsbericht Nr. 17 aus dem Forschungsprojekt „Differentialdiagnostik".

Stein, N. L./Glenn, C. G. (1979): An analysis of story comprehension in elementary school children. In: Freedle, R. O. (Eds.): New directions in discourse processing, Vol. 2. Norwood, N.J.: Aplex.

Thal, D. J./Miller, S./Carlson, J./Vega, M. (2005): Nonword Repetition and Language Development in -Year-Old Children With and Without a History of Early Language Delay. In: Journal of Speech, Language and Hearing Research 48 (6), pp. 1481-1495.

Thiel, M. (Hrsg.) (2003): Phonetische und phonologische Störungen bei Kindern. Heidelberg: Springer Medizin Verlag.

Thompson, L. (1996): The development of pragmatic competence: Past findings and future directions for research. In: Current Issues in Language & Society 3 (1), pp. 3-21.

Tracy, R. (2002): Deutsch als Erstsprache: Was wissen wir über die wichtigsten Meilensteine des Erwerbs? Mannheim: Universität Mannheim, Informationsbroschüre I/2000 der Forschungs- und Kontaktstelle Mehrsprachigkeit.

Weinert, S. (2000): Beziehungen zwischen Sprach- und Denkentwicklung. In: Grimm, H. (Hrsg.): Sprachentwicklung (S. 311-361). Göttingen: Hogrefe (= Enzyklopädie der Psychologie: Sprache, Bd. 3).

Weinert, S. (2006): Sprachentwicklung. In: Schneider, W./Sodian, B. (Hrsg.): Kognitive Entwicklung (S. 609-719). Göttingen: Hogrefe.

Weissenborn, J. (2000): Der Erwerb von Morphologie und Syntax. In: Grimm, H. (Hrsg.): Sprachentwicklung (S. 141-169). Göttingen: Hogrefe (= Enzyklopädie der Psychologie: Sprache, Bd. 3).